INQUEBRANTABLE

Soribel Martinez
LCSW, MSW, MBA

EL Journal

Compañero del Libro Best Selling,
INQUEBRANT**ABLE**

"Una mujer inquebrantable sana , se transforma y responde al llamado de su creador para vivir su propósito y construir la vida para la que fue creada."

Soribel Martinez

SM
SORIBEL MARTINEZ

Elogios para INQUEBRANTABLE

“Soribel comparte historias identificables que muchos de nosotros experimentamos y nos contamos a nosotros mismos, lo que a menudo limita nuestro crecimiento. Ella proporciona conceptos y auto-evaluaciones, lo que genera una búsqueda profunda y una sanación que genera resiliencia. ¡Libro poderoso!

—Atneciv Rodriguez
Maestría Certificada y Licenciatura en Asesoría de Negocios
Executive Leadership LLC

"Encontré el libro muy inspirador, poderoso, edificante, identificable, motivador y, sobre todo, una experiencia completamente nueva, lecciones para aprender, mensajes poderosos detrás de él. Me encantó lo increíblemente bien y descriptiva que fue contada la historia por la autora. Extremadamente poderoso de parte de una mujer joven, su trayectoria de eventos de vida que experimentó desde una edad temprana, soportó, se levantó y nunca renunció a sí misma, a sus sueños y aspiraciones, extremadamente motivadora y edificante. ¡El título del libro es increíble, poderoso, revelador y representativo!"

—Alicia Fernandes
Licenciada con Maestría en Trabajo Social

"Inquebrantable te sumerge profundamente en el viaje de una emprendedora feroz que personifica el Sueño Americano. La vulnerabilidad de Soribel para compartir su viaje y superar sus obstáculos es precisamente lo que todo emprendedor necesita leer acerca de estar en el camino de volverse inquebrantable. Te espera un viaje increíble con autoevaluaciones desafiantes que son prácticas y fáciles de seguir. ¡Espectacular libro!”

—Ivy Trevitazzo-Flordelis
Emprendedora

"¡Soribel es una mujer fantástica, terapeuta, empresaria, entrenadora, autora y ser humano en general! Es una fuerza hermosa a tener en cuenta. Hay pocos con su nivel de energía, integridad y compromiso. Inquebrantable es mucho más que un libro de memorias. Yo llamaría al libro desarrollo personal inspirador. Las historias de Soribel son las historias de todas las mujeres—pérdida, angustia y atracción de las expectativas sociales. Soribel comparte historias de cómo la adversidad intentó una y otra vez alejarla de sus pasiones y su propósito en la vida. Combinado con sus convincentes historias, las indicaciones de autoevaluación guían a los lectores en un viaje de crecimiento personal. Soribel nos enseña cómo mirar hacia adentro, reconectarse con nuestra sabiduría interior y crear la vida que estábamos destinados a vivir."

—Maria Chapman
CEO y Coach de Redacción

"Atrapaste mi corazón desde el principio con tu historia mientras leía cómo llegaste a donde estás hoy. Pasaste por una increíble diversidad, desafíos y lecciones de vida y pudiste ver la luz al final del túnel. Este libro capta tu atención con sus contagiosas historias y ofrece excelentes lecciones de las que todos podemos aprender—una lectura obligada".

—Doreen Dilger
Mentor y Coach Empresarial

"La historia de Soribel no solo es inspiradora, sino que es una hoja de ruta hacia el éxito. Anima a los lectores a profundizar y hacerlos realidad. ¡No pude dejarlo una vez que comencé! La historia de Soribel resonó conmigo de muchas maneras y me ayudó a pensar más cuidadosamente sobre mis objetivos de vida. ¡Fue más que alentador leer todos los obstáculos que Soribel tuvo que atravesar y dónde se encuentra ahora! Me hace sentir que yo también podría estar allí algún día. ¡Gracias Soribel!"

—Andrea Servan
Licenciada en Trabajo Social Clínico

"¡Este libro es PODEROSO! Una increíble historia de resiliencia combinada con estrategias prácticas lo convierte en el recurso perfecto para cualquiera que desee crear su Reinado. Aprovecha para descubrir qué posibilidades milagrosas te esperan—abre estas páginas ahora para una transformación e inspiración totales. ¡Hay poder en estas páginas!"

—Melissa Trinci
Emprendedora & Sanadora

"Inquebrantable es el libro que todos los niños abandonados han estado esperando. Es la guía que toda mujer ha estado esperando para empezar a creer en sí misma y en el poder que lleva dentro."

—Jacqueline Cabrera
Proveedora de Servicios Sociales

"El viaje de Soribel es una historia inspiradora de valor, determinación y gloria que te hará pasar las páginas para ver qué sucede a continuación. A pesar de muchos obstáculos, su espíritu y determinación convirtieron el fracaso en éxito. En todo momento, dejó que la duda se convirtiera en determinación y el fracaso avivó su fuego, demostrándonos que, a pesar de las diferencias culturales, somos inquebrantables. Esta poderosa narrativa nos enseña que, a pesar de nuestras dificultades, podemos lograr hazañas inimaginables a través de la determinación y la resiliencia. Si estás buscando inspiración en tu viaje hacia la grandeza, ¡este libro es para ti!"

—Stacey Cohen, CEO, Co-Comunicaciones
y Autora, *Brand Up: The Ultimate Playbook for College & Career Success in the Digital World*

Dedicación

A mí misma, por la devoción, compromiso y enfoque en mi visión, sueños y metas; co-creando la vida que deseo un paso a la vez.

A mi hijo John-Anthony, por permitirme ser su mami, su guía, maestra, entrenadora e inspiración. Gracias por elegirme como tu mamá. ¡Te amo!

A Jean-Carlos, por cumplir su propósito en mi vida. Sé que nuestro corto tiempo tuvo un propósito y una lección. Fuiste tan amable de responder a tu llamado. Gracias por elegirme como tu mamá. ¡Te extraño! ¡Te amo!

A Mami, que me apoyó incondicionalmente. Me has enseñado a valorarme a mí misma, al trabajo duro y al compromiso con la maternidad. Espero que mi vida y mi legado honren todos los sacrificios que hiciste.

A mis dos hermanos, Ricardo Jr. y Albizu Martinez. Les prometí ser siempre un gran ejemplo de perseverancia y un modelo a seguir. Espero haberlos hecho sentir orgullosos. ¡Los amo!

El Journal Inquebrantable

El compañero de *Inquebrantable* que te ayuda a profundizar para crear tu vida Inquebrantable

Soribel Martinez

Green Heart Living Press

El Journal Inquebrantable: El Compañero de Inquebrantable que te Ayuda a Profundizar para Crear Tu Vida Inquebrantable

ISBN Tapa blanda: 978-1-954493-53-7

ISBN Tapa dura: 978-1-954493-54-4

Diseño de portada: Barb Pritchard of Infinity Brand Designs

Foto de portada: Leslie Gomez of LMG Photography

Publicado por Green Heart Living Press

Traducción al Español y Revisión: Licda. Enercida Rodríguez, Traductora Profesional Certificada, PG en Educación Primaria & Licda. Joely Elizabeth Cedeño, Traductora Profesional Certificada

Contenido

"He sido herida.
He estado triste.
Pero también he
decidido sanar , y
levantarme , intacta."

Soribel Martinez

SM
SORIBEL
MARTÍNEZ

Introducción

Bienvenido *al Diario Inquebrantable.*
Este diario es tu compañero para mi libro, *Inquebrantable.*

Meditar y escribir un diario han sido los caminos hacia la conexión con Dios a lo largo de mi vida. Cuando hago silencio, desconecto el ruido sobre lo que debería ser, hacer o tener, y busco la guía en mi interior, siempre encuentro el camino correcto.

La meditación y escribir un diario no eliminan el miedo a tomar una inspiradora acción masiva, pero el empoderamiento que siento al comprenderme profundamente a mí misma y mi propósito en la Tierra anula cualquier temor.

Después de escribir Inquebrantable, supe que necesitaba crear un diario que lo acompañara. Necesitaba guiarte a través de los pasos exactos que he dado para superar la pérdida de lazos familiares, la lucha por la aculturación en los Estados Unidos, el duelo por la pérdida de mi hijo, Jean Carlos, y encontrar la fuerza para comenzar mi propia práctica privada de terapia grupal. Quiero que cada mujer cree una vida que la llene, le traiga alegría y le dé la libertad financiera que merece. Toda mujer merece una vida inquebrantable. He creado este diario como un lugar hermoso y alentador para que comiences tu viaje de autoevaluación.

En cada capítulo de Inquebrantable, comparto historias diseñadas para ayudarte a reflexionar sobre tu propia vida y te proporciono algunas preguntas de autoevaluación para que las tengas en cuenta. Este diario sigue el mismo formato, pero he añadido aún más oportunidades para profundizar, descubrir tu propósito y tus deseos, y crear tu vida inquebrantable.

Cómo usar este libro

- Lee el capítulo en *Inquebrantable*
- Revisa las conclusiones de cada capítulo.
- Tómate tu tiempo con cada indicación de visualización. Sólo puedes hacer uno a la vez. Elige un lugar y un momento en el que puedas estar a solas con tus pensamientos. Incluso si sólo puedes encontrar cinco minutos, comienza allí. Confía en ti misma para trabajar en este diario de la manera que mejor te convenga.
- Escribe un diario sobre cada mensaje. Elige un momento del día que te haga sentir bien, donde puedas sentarte con tus sentimientos y pensamientos y explorar. Confía en ti misma para encontrar el tiempo para evaluar tu realidad actual y soñar con la vida que quieres crear.

Llena estas páginas con la forma más auténtica de ti misma.

No te contengas.

Nadie verá estas páginas a menos que tú lo desees.

Este es un espacio dedicado para que te pongas en contacto con tu Creador, descubras tu verdadero propósito y diseñes una vida que se alinee con ese propósito.

No será fácil.

A veces las lágrimas mancharán las palabras que pongas en estas páginas. A veces querrás tirar el bolígrafo al otro lado de la habitación. A veces te reirás. A veces escribirás algo que te dejará boquiabierta.

El proceso de desaprender lo que creías saber sobre quién se supone que eres y conectarte con tu verdadero propósito puede sentirse un poco como una montaña rusa. No cedas a la tentación de saltar, esconder tus sentimientos e ignorar tu verdad. Tu verdad y tu propósito te harán libre, y con la libertad encontrarás el control. Tienes el control; puedes crear la vida que deseas. Te lo mereces. Tienes todas las herramientas que necesitas para empezar ahora mismo.

No puedo esperar a escuchar sobre la vida que vas a crear.

XOXO

Soribel

Una Nota Sobre Dios

En *Inquebrantable* y en este diario, utilizo la palabra Dios y Creador indistintamente porque así es como identifico mi poder superior. Puede que tengas una palabra diferente con la que conectes. Puede que confíes en el universo, la astrología, Alá, Buda o algún otro concepto de poder superior. Siéntete libre de tachar a Dios y escribir en estos capítulos cualquier término que te sirva. El término no es importante—lo importante es que te conectes con un poder superior a ti para encontrar tu camino más verdadero hacia la creación de un impacto en nuestro mundo.

Parte Uno

Inseguridades Aculturadas

SM
SORIBEL MARTÍNEZ

" Dios , muéstrame el camino. Ayúdame a sanar y entender cuál es el propósito de mi creación."

Soribel Martinez

SM
SORIBEL MARTINEZ

"Los recuerdos del pasado son la lente que usamos para sanar el alma mientras despertamos hacia el futuro."

Soribel Martinez

SM
SORIBEL MARTÍNEZ

Capítulo Uno

Dejando atrás lo Conocido Para Descubrir lo Desconocido

Cuando era niña en la República Dominicana, vivía en una burbuja de abundancia. Tenía comida deliciosa para comer, la ropa más bonita, innumerables juguetes y regalos de mi familia extendida indulgente, y el amor de Abuela, Papi, Mami, y todos los demás a mi alrededor. Pero uno por uno, las personas cuyo amor me ató y crearon mi sentido de identidad desaparecieron. No hubo fanfarria, ni explicaciones destiladas en un lenguaje que mi yo joven pudiera entender. Solo quedó un espacio vacío que alguien que amaba solía llenar. Primero fue Abuela, la mujer que me vestía y me alimentaba. Se fue de la República Dominicana y se unió a Abuelo con la esperanza de que pudieran traer a sus hijos a los Estados Unidos.

Luego fue Papi. Un día estaba compartiendo su plato de cena en nuestra acogedora cocina, y al día siguiente, Mami, mis hermanos y yo nos mudamos a un área donde no conocía a nadie, y Papi se mudó a los Estados Unidos. Cuando Mami se fue para reunirse con él, yo era una niña diferente. Ya no era una niña pequeña—la pérdida me hizo crecer. En los años que estuvimos con mi tía en la República Dominicana, esperando a que Mami y Papi nos recogieran, mis hermanos y yo perdimos todas las comodidades a las que estábamos acostumbrados. Ya no era la princesa de nadie.

Cuando llegué a los Estados Unidos a los 12 años, luché por adaptarme. El programa de educación bilingüe en la escuela pública a la que asistí carecía de estructura. No aprendí inglés y, aunque me fue bien en las clases, no estaba aprendiendo como quería.

Papi continuó animándome en casa. Quería que su Sori persiguiera sus sueños y construyera una vida de la que estuviera orgullosa. Vi a mis compañeros de clase quedar embarazadas y abandonar la escuela, y decidí que quería algo mejor para mí. Renové mis sueños de ayudar a los demás, dirigir un negocio e impactar en el mundo.

Ahora es tu turno de evaluar cómo tus experiencias de la infancia moldearon tu vida hoy y encuentra una forma de convertir las experiencias negativas en combustible que impulse tu éxito.

Conclusiones del Capítulo

- La pérdida y el dolor pueden alimentar tu impulso hacia el éxito.
- Todos tenemos inseguridades y miedos, pero debemos construir nuestros sueños de todos modos.
- Cada adversidad que experimentas trae la semilla del crecimiento, el cambio y el éxito.
- Cada experiencia puede convertirte en la persona que estás destinada a ser.

Indicaciones de Autoevaluación

Escribe: Identifica la experiencia de la infancia que creó una sensación de pérdida, dolor y trauma en tu vida.

SM
SORIBEL MARTÍNEZ

SORIBEL MARTÍNEZ

SORIBEL MARTÍNEZ

Indicaciones de Autoevaluación

Escribe: Identifica la experiencia de la infancia que creó una sensación de pérdida, dolor y trauma en tu vida.

SORIBEL MARTÍNEZ

Indicaciones de Autoevaluación

Escribe: Identifica las personas y circunstancias que contribuyeron a esa experiencia de pérdida o trauma.

SM SORIBEL MARTÍNEZ

SORIBEL MARTÍNEZ

Indicaciones de Autoevaluación

Escribe: ¿Qué sentido le diste a esa experiencia? ¿Cómo te ha impactado en tu vida adulta?

Indicaciones de Visualización

Visualiza en cambio cómo te gustaría sentir y pensar sobre tu adversidad.

Visualiza cómo te comportarías si te sintieras y pensaras de esa manera.

Visualiza qué resultado te gustaría crear a partir de esa experiencia negativa.

Ahora, escribe en tu diario acerca de tu visualización.

¿Cómo sería tu vida si te sintieras y pensaras de la manera que deseas?

¿Cómo será la vida cuando obtengas el resultado deseado?

"Con el tiempo aprendí
que mis inseguridades
lingüísticas eran parte
de un ser único que
supera desafíos para
crear la vida para la
que ha nacido."

Soribel Martinez

SM
SORIBEL MARTINEZ

Capítulo Dos

Descubriendo la Singularidad

Como estudiante de primer año en la Universidad Post, me enfrenté a una decisión. Después de casi fracasar y perder mi beca debido a la barrera del idioma, podía decidir dejar de intentar y darme por vencida, o podría decidir hacer lo que fuera necesario para tener éxito.

Papi no me crió para rendirme, así que decidí luchar. Viví en el centro de apoyo estudiantil. Busqué orientación de asesores y profesores de confianza. Dediqué a cada tarea el doble de tiempo que mis compañeros que dominaban el inglés. Me equivoqué en algo, volví a hacer las tareas. Descubrí cómo rodear mi barrera del idioma y encontrar éxito en la escuela.

Tomé un camino que pensé que era el correcto para mí. Fui a la escuela de medicina en la República Dominicana. Pero no era el lugar que recordaba de mi infancia. Sin la conexión familiar, me sentía perdida—sola—batallando. Sin embargo, cuando decidí dejar la escuela de medicina y regresar a los Estados Unidos, supe que no estaba renunciando. Renunciar tiene una connotación negativa—si renuncias, te estás dando por vencida y eres débil. Pero en mi experiencia, renunciar solo significa que aprendiste algo sobre ti misma que te hizo imposible seguir en el camino que estabas. Cuando dejé la escuela de medicina, fue porque sabía que no era mi verdadero camino—que convertirme en médico no era mi propósito.

Busqué orientación de mis mentores, de mí misma y de Dios. Cambié mi enfoque de a medicina a la psicología. Durante mis años como adulta joven, aprendí a manejar mi inseguridad acerca del idioma. Aprendí a conectarme con mi verdadero propósito y visualizar la vida que fui creada para vivir.

Ahora, mi inseguridad se ha convertido en una ventaja. Ya no pienso que no domino el inglés. Soy bilingüe. Mi doble idioma me permite llegar a más gente, servir al mundo y destacar. El idioma no es mi lucha. Es una herramienta que apoya mi propósito.

Ahora te toca a ti identificar la inseguridad que te frena. Puede que tengas más de una (la mayoría de nosotros la tenemos). No te juzgues cuando completes estas preguntas. Actúa como un amable observador de tus pensamientos y emociones. Vamos a encontrar la manera de construir tu sueño incluso con esas inseguridades, porque todos necesitamos más pasión y menos perfección en nuestras vidas.

Conclusiones del Capítulo

- Las inseguridades solo son obstáculos que debes superar en tu camino hacia el éxito.
- Las cosas que te hacen único son ventajas, no obstáculos.
- Más pasión y menos perfección es la clave del éxito.
- El fracaso es la retroalimentación que te ayuda a realinear tu camino hacia el éxito.
- La lucha a través de tu viaje puede requerir otra Reina que te apoye. Tienes que estar dispuesta a recibir ese apoyo. Tu disposición a recibir el apoyo de los demás te ayudará a alcanzar tus objetivos más rápidamente.

Preguntas de Autoevaluación

Escribe: ¿Qué te hace sentir insegura?

SM
SORIBEL MARTÍNEZ

Preguntas de Autoevaluación

Escribe: ¿Qué experiencias, circunstancias y personas han contribuido a tu inseguridad?

SORIBEL MARTÍNEZ

Preguntas de Autoevaluación

Escribe: ¿Qué poder se le ha dado a esas experiencias y cómo influye eso en tu inseguridad hoy?

SORIBEL MARTÍNEZ

Preguntas de Autoevaluación

Escribe: ¿Qué conversaciones negativas tienes contigo misma sobre tu inseguridad?

SORIBEL MARTÍNEZ

Preguntas de Autoevaluación

Escribe: ¿Qué nuevo significado le quieres dar a esa inseguridad en su lugar? ¿Qué nueva historia te gustaría contarte?

Indicaciones de Visualización

Visualiza cómo te sentirías si vivieras con esa imperfección de forma que abrazaras tu singularidad y utilizaras tu diferencia como una fortaleza.

Visualiza cómo te sentirías, pensarías y actuarías si tu inseguridad se convirtiera en un punto de confianza.

Ahora, escribe un diario sobre tu visualización. Detalla cómo ver tu inseguridad actual como una fortaleza mejoraría tu vida y tu carrera e influiría en tu éxito.

Parte Dos

La Maternidad: El viaje hacia las Semillas y Propósito

SM
SORIBEL MARTÍNEZ

"Las mujeres que nos precedieron allanaron el camino hacia el cambio , la transformación , la sanación y la grandeza. Abrazar tu propósito , honra su legado."

Soribel Martinez

SM
SORIBEL MARTINEZ

"Cada mujer necesita un héroe. Cada mujer exitosa tiene un héroe. Pero algunas de nosotras tiene que convertirse en el héroe de nuestras vidas."

Soribel Martinez

Capítulo Tres

Las Mujeres a Mí Alrededor

Las mujeres en tu vida servirán como ejemplos o contraejemplos. Conocerás a mujeres que te inspirarán a profundizar, vivir con más autenticidad y crear una vida inquebrantable. Para mí, Abuela, la Dra. Kaplan y Mami tenían diferentes características que admiraba y que me esforzaba por emular.

También conocerás a mujeres que intentarán derribarte y menospreciar tus sueños. Te dirán todas las razones por las que no puedes tener éxito. Las mujeres que hacen esto se acercan a tus sueños desde un lugar de miedo. Tienen miedo de cambiar sus vidas, de abrazar su propósito. Tienen miedo de fracasar y miedo de tener éxito. Tu impulso y tu éxito las harán sentir incómodas. Protege tus sueños de estas mujeres. Mantén tus metas seguras e invita a las mujeres que te edifican.

Ahora es tu turno de identificar a las personas en tu vida que pueden brindarte apoyo y a las que podrían intentar derribarte. Si descubres que alguien no es una buena fuente de apoyo, eso no significa que necesites eliminarlas completamente de tu vida. A veces eso es imposible. Pero sí significa que no compartirás los detalles de tus sueños con ellas. Identifiquemos a tu equipo de apoyo.

Conclusiones del Capítulo

- Toda mujer necesita un héroe, pero a veces tienes que convertirte en el tuyo.
- Sé tu misma. Las otras opciones son usadas y aburridas.
- Rodéate de mujeres que se preocupen por ti.
- Busca el apoyo de mujeres a tu alrededor a las que valga la pena escuchar.
- Una Reina debe tener apoyo para crear su REINO.

Preguntas de Autoevaluación

Escribe: Identifica los héroes a tu alrededor que han impactado tu vida de manera positiva.

Preguntas de Autoevaluación

Escribe: Identifica cómo te sientes cuando estás cerca de estas mujeres. ¿Cómo contribuyen a tu mentalidad?

Preguntas de Autoevaluación

Escribe: Si no puedes identificar a un héroe en tu vida, ¿qué cualidades te gustaría que tuvieran? ¿Cómo quisieras que se comportara? ¿Cómo te gustaría sentirte cerca de ellos? ¿Qué tipo de resultados tendrían en **su** propia vida que deseas ver en la tuya?

SORIBEL MARTÍNEZ

Preguntas de Autoevaluación

Escribe: Identifica dos sistemas de apoyo que necesitas hoy para ayudarte en tu viaje. ¿Dónde podrías encontrar ese apoyo?

SORIBEL MARTÍNEZ

Indicaciones de Visualización

Visualiza un sistema de apoyo que realmente crea en tí y en tu visión.

Visualiza el tipo de apoyo que deseas en la vida y en tu carrera.

Visualiza un apoyo que te haga sentir querida, apoyada y cuidada.

Visualiza cómo pensarías, te sentirías y te comportarías si tuvieras el apoyo que mereces.

Escribe un diario sobre tu visualización. ¿Qué tipo de sistema de apoyo deseas? ¿Qué personas de tu círculo actual forman parte de ese sistema de apoyo? ¿Qué tipo de apoyo aún necesita encontrar? ¿Cómo te sentirás una vez que seas una Reina totalmente respaldada?

SORIBEL MARTÍNEZ

SM
SORIBEL MARTÍNEZ

"Cada pérdida en la vida trae consigo una semilla de propósito y da a luz una nueva oportunidad."

Soribel Martinez

SM SORIBEL MARTINEZ

Capítulo Cuatro

Pérdida & Nueva Vida:
Milagros: El Nacimiento de la Vida y un Nuevo Propósito

Todos tenemos una silla sucia. A menudo, tenemos más de una. La silla sucia es donde nos sentamos cuando las emociones negativas se apoderan de nosotros y nuestra mente circula a través de pensamientos que alimentan esos sentimientos. Puede que tu silla sucia sea la vergüenza por errores pasados. Tal vez sea el dolor por la pérdida de un ser querido. Tal vez, como yo, tu silla sucia sea el miedo a lo desconocido.

Cuando supe que mi pareja eligió un camino infiel justo antes del nacimiento de mi hijo, John Anthony, me encontré sentada en esa silla. Estaba enojada, sí. Pero más que eso, temía la vida como madre soltera. Sabía que no podía quedarme con un hombre que no me valoraba—pero, ¿podría criar a un hombre de valor yo sola?

Cuando nos encontramos en una silla sucia, podemos decidir quedarnos en ella—revolcarnos en emociones negativas y alimentarlas con pensamientos autocríticos. O podemos levantarnos, usar herramientas para re-centrarnos y re-alinearnos con nuestro propósito en esta Tierra. Elegí levantarme porque me perdería la alegría de ser madre si no lo hacía. Mi caja de herramientas incluye escribir un diario, meditar, rezar y mover mi cuerpo. Me levanté de la silla y me recordé a mí misma que soy Soribel. Soy una mujer, una líder. Soy una diosa dominico-americana. Soy una madre. Soy una líder.

Ahora es el momento de que construyas tu caja de herramientas y encuentres una manera de salir de tu silla sucia. Utilizarás estas herramientas repetidamente porque cualquier vida que valga la pena vivir está llena de alegría y desamor. Cuando te encuentres sentada en la negatividad, estas herramientas te ayudarán a salir, te apoyarán mientras te levantas y te re-alinearán con tu propósito.

Conclusiones del Capítulo

- Los milagros son reales y siempre suceden a nuestro alrededor. Dios siempre está haciendo su parte y obrando a nuestro favor.

- Una mujer que camina con Dios siempre llegará a su destino.

- Eres digno/a de ser amado/a. Estás bendecido/a con abundancia. Puedes aceptarte profunda y completamente.
- Ser madre soltera no debería ser motivo de vergüenza, sino que, por el contrario, puede ser una fuente de orgullo.

- Tus mayores bendiciones y regalos pueden venir de los lugares menos esperados.

- Te perderás la alegría si pasas demasiado tiempo en la silla sucia.

Preguntas de Autoevaluación

Escribe: ¿Cuál es tu "silla sucia"? ¿En qué mala situación o malos sentimientos estás sentada?

Preguntas de Autoevaluación

Escribe: Identifica los pensamientos, sentimientos y situaciones que te mantienen en la silla sucia.

Preguntas de Autoevaluación

Escribe: ¿Cuáles son los principales sentimientos y pensamientos que te mantienen en la silla sucia? Observa esos pensamientos y sentimientos y libéralos sin juzgarte a ti misma.

Preguntas de Autoevaluación

Escribe: ¿Cómo te gustaría sentirte y pensar sobre esta situación?

SORIBEL MARTÍNEZ

SORIBEL MARTÍNEZ

Preguntas de Autoevaluación

Escribe: Reprograma tu mente. Crea una nueva percepción de la situación. Identifica las herramientas y estrategias que puedes utilizar para crear un nuevo sistema de creencias sobre tu situación.

Indicaciones de Visualización

Visualiza cómo se sentiría tener las herramientas para salir de espirales de pensamientos negativos.

Visualiza cómo pensarías y te comportarías si supieras que cada vez que surgen emociones negativas, puedes manejarlas.

Visualiza las herramientas que usarás para levantarte de tu silla sucia.

Escribe en un diario tus sentimientos y pensamientos cuando pienses en manejar la adversidad con confianza. Escribe sobre cómo te levantarás de tu silla sucia. ¿Qué herramientas del capítulo incorporarás a tu práctica de re-alinearte con tu propósito? ¿Qué otras herramientas usarás?

"El duelo es como el océano: puede tener olas grandes , medianas o pequeñas y , a veces , está en calma. Honra tu dolor y siente los sentimientos que trae a tu vida en un momento dado."

Soribel Martinez

Capítulo Cinco

Duelo & Pérdida

El duelo es parte de la experiencia humana. Una vida llena de amor y alegría será interrumpida por el dolor. Lamentarás amores perdidos, oportunidades perdidas y personas perdidas. El duelo no es un signo de desesperanza. Es un signo de tu inclinación al amor.

Cuando me senté en el consultorio del médico y me enteré de que mi precioso bebé bailarín de salsa, Jean Carlos, había perdido la vida antes de que pudiera respirar, caí en la desesperación. No me culpo por hacerlo. Ser fuerte frente al duelo no significa guardar la compostura y seguir adelante. La fuerza requiere que honres tu dolor, le des a tu cuerpo y mente lo que necesita para sanar y encuentres una manera de darle sentido a tu pérdida.

Encontré sentido cuando le pedí a Dios que me mostrara cómo canalizar mi dolor para cumplir con mi propósito en esta tierra. Esa oración dio lugar a una fundación sin fines de lucro que nombré Fundación JC's Precious Minds. Ahora, cada vez que mi fundación ayuda a un niño con necesidades especiales y a su madre a alcanzar el éxito y alcanzar su potencial, me siento más conectada con mi hijo.

El dolor es energía. Ya no permitimos que esa energía nos arrastre lejos de nuestro propósito. Hoy puedes encontrar una manera de canalizar tu dolor—tu capacidad humana para el amor—hacia tu pasión y propósito en la Tierra. Usa las siguientes indicaciones para explorar tu duelo con una observación amable, no con juicios.

Conclusiones del Capítulo

- La adversidad y la crisis no fueron hechas para neutralizarte.

- Nunca te preguntes por qué experimentas la adversidad. En su lugar, pregunte cuál es el propósito.

- El dolor es como el océano; tiene olas grandes, olas pequeñas y períodos de calma.

- Cuando te encuentres en la silla sucia del dolor, hónralo.

- El duelo es una experiencia personal, pero aún podemos enseñar a nuestros hijos a honrarlo y superarlo.

- En tiempos de adversidad, siempre debemos acercarnos a nuestro sistema de apoyo.

Indicaciones de Autoevaluación

Escribe: ¿A qué le haces duelo? Esto puede ser la pérdida de una persona, mascota, carrera o relación.

SORIBEL MARTÍNEZ

Indicaciones de Autoevaluación

Escribe: Identifica los sentimientos, pensamientos y comportamientos que impactan tu vida y/o negocio.

Indicaciones de Autoevaluación

Escribe: ¿Cómo quieres honrar tu duelo o pérdida?

SM
SORIBEL MARTÍNEZ

SORIBEL MARTÍNEZ

Indicaciones de Autoevaluación

Escribe: ¿Qué herramientas y estrategias puedes poner en tu caja de herramientas de duelo para ayudarte a honrar y superar la experiencia? Esto podría ser terapia, meditación, entrenamiento, prácticas de cuidado personal, comunicarte con amigos, etc.

SORIBEL MARTÍNEZ

Indicaciones de Autoevaluación

Escribe: ¿Cómo quieres sentirte con respecto a tu pérdida? ¿Cómo quieres comportarte? ¿Cómo quieres interactuar con el mundo de una manera más positiva?

SORIBEL MARTÍNEZ

Indicaciones de Visualización

Visualízate reconociendo tu dolor sin dejar que te desvíe del rumbo. ¿Cómo te sientes, piensas y actúas cuando las estrategias para honrar tu duelo te empoderan?

Visualiza lo que tu duelo te dice sobre tu capacidad de amar. ¿Cuál es la mejor manera de honrar ese amor?

Visualízate honrando tu dolor de esa manera. Siente cómo el proceso de honrar tu pérdida cambia tus emociones.

Escribe en tu diario esta visualización. ¿Cómo quieres sentirte acerca de tu pérdida? ¿Cómo refleja tu duelo tu capacidad de amar? ¿Qué herramientas utilizarás para canalizar la energía de tu dolor hacia algo que se alinee con tu propósito?

SORIBEL MARTÍNEZ

SORIBEL MARTÍNEZ

Parte Tres

Por Qué ser Egoista es Mejor que ser Desinteresada

SORIBEL MARTÍNEZ

"Para construir una vida de ensueño , hay que dejar de vivir según la presión familiar o social. Todo se reduce a confiar en el proceso de cocreación."

Soribel Martinez

"La adversidad no destruyó tu TALENTO; vino para demostrar tu talento. La adversidad y la crisis no estaban destinadas a destruirte , estaban destinadas a construirte."

Soribel Martinez

Capítulo Seis

Sobreviviendo una Cirugía Cerebral

Cuando recibí la llamada de mi médico explicándome que había encontrado dos aneurismas cerebrales, me quedé paralizada. Sabía lo suficiente como para llamar a mi sistema de apoyo, pero no pude actuar más allá de eso. No llamé de vuelta a la oficina del médico. No programé citas de seguimiento. En mi mente, iba a morir. Me quedé en esa silla sucia hasta que las palabras de una psicóloga me sacudieron.

"Soribel, si piensas que vas a morir, vas a morir. Necesitas transformar tu mentalidad, percepción y cómo ves esta crisis en tu vida."

Esta terapeuta hablaba mi idioma. El aneurisma cerebral no fue la primera adversidad que experimenté, ni sería la última. Creo en el trabajo de la mentalidad y en nuestra capacidad para canalizar cualquier experiencia hacia una con propósito.

Para superar la adversidad, el proceso siempre es el mismo, solo lo adapto a la situación exacta. Necesitamos ser muy claros sobre nuestros deseos. Yo quería vivir. Quería ser madre de mi hijo y quería tener un impacto enorme en el mundo. Luego, oré por ese resultado y le pedí a Dios que me mostrara el camino. Decidí hacer mi parte—cualquier cosa en mi poder—para alcanzar mi objetivo.

Entré en el proceso de co-creación con mi Dios y medité, escribí en mi diario y cambié mi mentalidad. Busqué a los mejores médicos y viajé para conocerlos. Me educé a mí misma y encontré mi solución.

Oré en cada paso del camino por guianza para actuar correctamente en lo sucesivo. Cuando me encontré sentada nuevamente en la silla sucia de la negatividad y la tristeza, usé mis herramientas para levantarme de nuevo. El trabajo es duro. El trabajo es agotador. Descansa cuando necesites hacerlo, y luego vuelve a él porque tus sueños te esperan al otro lado.

Ahora es el momento para que reflexiones sobre la adversidad que intenta detener tus metas. ¿Qué te está deteniendo ahora mismo? Imagínate a ti misma moviéndote a través de la adversidad y levantándote, intacta y más fuerte que antes.

Conclusiones del Capítulo

- Nunca permitas que la adversidad sea más grande que tu propósito.

- Siempre elige la vida.

- Únete a Dios en el proceso co-creativo y haz tu parte.

- Vuelve a conectarte con tu propósito y tu creador cuando la adversidad llame a tu puerta.

- Una Reina debe tener apoyo para superar la adversidad y crear el legado que está destinada a crear.

- Ámate lo suficiente como para hacer el trabajo.

Preguntas de Autoevaluación

Escribe: Identifica tu adversidad. ¿Qué desafíos estás enfrentando en este momento?

Preguntas de Autoevaluación

Escribe: ¿Cómo está afectando esta adversidad tu vida, relaciones y negocios?

SORIBEL MARTÍNEZ

Preguntas de Autoevaluación

Escribe: ¿Qué pensamientos y sentimientos tienes sobre tus desafíos? ¿Están alineados con tu propósito?

SORIBEL MARTÍNEZ

Preguntas de Autoevaluación

Escribe: Identifica tu sistema de apoyo. ¿Quién puede apoyarte en la adversidad?

Indicaciones de Visualización

Visualízate moviéndote a través de tus desafíos actuales y logrando el resultado que esperas.

Visualízate sintiéndote y pensando en esta adversidad como si ya hubiera pasado.

Visualiza el resultado final que deseas. ¿Cómo quieres pensar, sentir y comportarte cuando tu desafío haya terminado?

Identifica un plan para superar esta adversidad (teniendo en cuenta el resultado final).

Ahora escribe en tu diario sobre cómo vas a manejar esta adversidad. ¿Cuál es tu papel en el proceso de co-creación? ¿Qué tipo de apoyo necesitas?

"Dios , muéstrame el camino. Ayúdame a sanar y entender cuál es el propósito con el que me creaste."

Soribel Martinez

Capítulo Siete

Dios no Está en la Iglesia

A los nueve años, después de que Papi se mudó a los Estados Unidos, Mami se unió a una estricta Iglesia Pentecostal que cambió gran parte de mi vida. Mi educación ya no era la prioridad que había sido. La iglesia era más importante. La iglesia dictaba mis faldas, la longitud de mi cabello y mis actividades extracurriculares. La única recompensa por esta conformidad parecía ser entrar al cielo, lo cual no me interesaba a los nueve años.

No fue hasta 10 años después, después de sufrir abuso físico por parte de miembros de la iglesia y tener que demostrar mi virginidad a través de un examen médico, que decidí dejar la iglesia y mantenerme fiel a lo que sabía que era mi verdad. Me tomó años y mucha terapia volver a conectarme con la verdadera yo y aprender que Dios no está en la iglesia.

Dios está dentro de cada uno de nosotros. Podemos escuchar su voz con más claridad cuando nos perdonamos por cometer errores humanos y aprendemos a liberar la ira hacia aquellos que nos han lastimado. Sanar de cualquier tipo de trauma es un proceso de por vida. Habrá días en los que te sientas listo para enfrentar al mundo y habrá días en los que el trauma te hundirá. Desarrollar las herramientas para sacarte de las garras del trauma es un regalo para ti mismo.

Conclusiones del Capítulo

- Dios no está en la iglesia.

- No necesitas un intérprete entre tú y Dios. Tienes acceso directo a tu creador.

- Una mujer que camina con Dios siempre llegará a su destino.

- No tienes la culpa de lo que otras personas te han hecho, pero eres responsable de tu propia sanidad.

- La sanidad no es una ventanilla única. Es un viaje de por vida.

Indicaciones de Autoevaluación

Escribe: Identifica una situación que te haya causado trauma: religión, abuso, violencia doméstica, un accidente traumático.

Indicaciones de Autoevaluación

Escribe: Identifica de qué te detiene tu trauma. ¿Qué metas evitas perseguir? ¿Qué te gustaría hacer pero te abstienes?

SM SORIBEL MARTÍNEZ

SORIBEL MARTÍNEZ

Indicaciones de Autoevaluación

Escribe: Identifica a quienes pueden ayudarte a recuperarte del trauma: terapeuta, amigo, familia.

Indicaciones de Autoevaluación

Escribe: Identifica formas en las que puedas sumergirte en el proceso de curación.

Indicaciones de Autoevaluación

Escribe: Crea un plan de cuidado personal que apoye tu curación: meditación, escribir, ejercicio, socialización, etc.

SORIBEL MARTÍNEZ

Indicaciones de Visualización

Visualiza que estás completamente sanada de tu trauma. ¿Cómo te sientes? ¿Qué piensas? ¿Qué es diferente en tu vida después de sanar?

Visualizate resolviendo los desencadenantes con habilidades de afrontamiento saludables.

Visualiza que tienes apoyo en tu proceso de sanación. ¿Qué personas necesitas a tu alrededor mientras sanas?

Ahora escribe en tu diario sobre tu vida después de sanar de tu trauma. ¿A quién necesitas perdonar y cómo es tu relación con ellos ahora? ¿Cómo manejas los desencadenantes? ¿Cómo puedes vivir ahora que tu trauma ya no te detiene?

SORIBEL MARTÍNEZ

" He sido lastimada , he estado deprimida , pero también he decidido sanar y levantarme , intacta."

Soribel Martinez

Capítulo Ocho

El Corazón Roto de una Mujer

Creciendo en la República Dominicana, recibí mensajes constantes sobre lo que las mujeres debían ser, hacer y tener. Siempre estaba vestida como una pequeña princesa, me daban juguetes que reforzaban los roles domésticos y "Serás una maravillosa madre algún día" era un gran elogio. Cuando corregí a mis tías y les dije que dirigiría mi propio negocio y viajaría por el mundo, se rieron y me dijeron que estaba soñando demasiado.

Afortunadamente, tuve a Papi para alentar mi educación y mis sueños. Cuando me aconsejaba sobre la escuela o las citas, el mensaje era el mismo. Podía hacer y ser cualquier cosa que quisiera siempre y cuando recordara mi valor. A pesar de lo alentador que era Papi, era imperfecto y sus acciones no siempre coincidían con sus palabras.

Me animó a ser una mujer fuerte y exigir que los demás me trataran como una Reina. Escuché sus palabras y luego lo vi involucrarse repetidamente en relaciones extramatrimoniales y romperle el corazón a Mami. Como adulta, me encontré saliendo con hombres que no priorizaban nuestra relación. No fue hasta que sané del dolor de la traición de mi padre que pude eliminar cualquier relación de mi vida que no apoyara mi visión y metas para mi futuro. Al eliminar ese dolor y resentimiento de mi vida, encontré una renovada sensación de fuerza y la capacidad de tomar decisiones enormemente inspiradoras para mejorar mi vida.

Ahora, es tu turno de reflexionar sobre las dificultades que te impiden construir la vida que deseas. ¿Qué ira o resentimiento te está deteniendo?

Conclusiones del Capítulo

- Construir una vida inquebrantable requiere que dejes de apegarte a las presiones sociales y familiares y comiences a vivir de acuerdo con tu brújula interna.

- El perdón es para uno mismo, no para los demás.

- Cuando practiques el perdón, no olvides perdonarte a ti misma.

- Sanar el tipo de trauma que hace que te olvides de ti misma y elijas a otros en su lugar requiere apoyo profesional.

- La confianza en ti misma y en el proceso co-creativo es amor propio.

Indicaciones de Autoevaluación

Escribe: ¿A qué ira y resentimiento te aferras? ¿Con quién estás enfadada?

Indicaciones de Autoevaluación

Escribe: ¿Cómo se siente esa ira en tu cuerpo?

Indicaciones de Autoevaluación

Escribe: ¿Qué te impide la ira? ¿Cómo te impide crear la vida que realmente mereces?

Indicaciones de Autoevaluación

Escribe: ¿Cómo te sentirías si pudieras vivir sin esa ira y ese resentimiento? ¿Cómo pensarías? ¿Cómo te comportarías? ¿Qué vida crearías?

SORIBEL MARTÍNEZ

SM
SORIBEL
MARTÍNEZ

Indicaciones de Visualización

Visualiza que te sientes conectada con una fuerza superior. Puede ser Dios, tu Creador, Madre Tierra o cualquier otra fuerza mayor que tú. ¿Cómo se siente estar conectada con tu fuerza superior? ¿Cómo pensarías y te comportarías con ese nivel de conexión en tu vida?

Visualiza ser la mujer que Dios te creó para ser. ¿Cómo se siente abrazar tu verdadera identidad? ¿Cómo se siente amar a la mujer que fuiste creada para ser y lo que se supone que debes tener?

Una vez que estés en sintonía con quién eres realmente, visualiza trabajar en alineación con tu verdadera identidad y propósito. Imagina sentirte energizada y vigorizada por el proceso de co-creación y sentirte completamente apoyada en tus deseos.

Escribe en tu diario acerca de quién eres realmente. ¿Cuál es tu propósito? ¿En qué te apasionas? ¿Cuál es tu visión para tu vida? ¿En qué crees? ¿Qué valores guían tus decisiones? ¿Qué vida es posible para ti según tu propósito y visión?

SORIBEL MARTÍNEZ

Escribe de cómo se siente estar conectada con tu Creador. ¿Cómo se siente estar conectada con tu propósito?, ¿por qué fuiste creada?

SORIBEL MARTÍNEZ

SORIBEL MARTÍNEZ

Parte Cuatro

Más Pasión , Menos Perfección

"No firmé un contrato de perfección , estoy comprometida a cumplir mi propósito con pasión en mi alma."

Soribel Martinez

SM
SORIBEL MARTINEZ

"Enamórate tanto de tu vida y de tu negocio que sientas que estás viviendo pura poesía."

Soribel Martinez

Capítulo Nueve

Construyendo un Negocio Exitoso

A los siete años, me acostaba en mi jardín contando estrellas y soñando con el futuro que esperaba crear. Sería una empresaria y una autora, y tendría un gran impacto positivo en el mundo. Sabía desde joven que estaba destinada a crear un legado para las generaciones futuras.

Luego, la vida sucedió. Me mudé a los Estados Unidos y batallé con el idioma y la dinámica familiar. Luché con la disonancia cognitiva causada por mi deseo de educación y riqueza y la estricta educación religiosa que predicaba la pobreza como un deseo piadoso. Hice malabares en la universidad con un conocimiento limitado del inglés, inicié una carrera, terminé relaciones tóxicas, me convertí en madre soltera y luché contra dos aneurismas cerebrales que amenazaron mi vida.

En 2018 me encontré laborando en un trabajo estable con beneficios que me permitieron impactar positivamente a muchos miembros de mi comunidad, pero no era suficiente para crear la vida que quería para mi hijo y para mí. No me permitió ayudar a tantas personas como fuera posible y crear el impacto que quería en nuestro mundo. Me sentí llamada a hacer más.

Le pedí a Dios que me mostrara el camino a seguir. Medité. Luego supe lo que necesitaba hacer. Me reconecté con mi propósito de ayudar y sanar a otros para que puedan crear la vida que Dios les había destinado. Comencé una práctica privada de terapia que rápidamente se convirtió de solo a un grupo grande.

Aprendí a abrazar mi propósito y confiar en mi intuición. Aprendí a bloquear el ruido y a callar esa voz que me decía que no podía o que no debería intentarlo. Encontré apoyo y construí una vida inquebrantable.

Ahora es tu turno de reflexionar, de mirar hacia adentro y diseñar tu vida inquebrantable.

Conclusiones del Capítulo

- Siempre pide orientación, luego quédate callada y escucha la respuesta.
- Avanzar hacia tu propósito no eliminará el miedo. Tendrás mucho miedo. Haz las cosas de todos modos.
- El empoderamiento que proviene del conocimiento es más grande que cualquier miedo.
- Fuiste creada con un gran propósito. Deja que ese propósito guíe tu destino.

Preguntas de Autoevaluación

Escribe: Encuentra un espacio tranquilo y sueña por un momento. ¿Qué querías hacer, ser o convertirte cuando eras niña?

SORIBEL MARTÍNEZ

Preguntas de Autoevaluación

Escribe: Identifica tu oración favorita para pedir orientación.

SORIBEL MARTÍNEZ

Preguntas de Autoevaluación

Escribe: ¿Cuál es un proyecto, carrera o idea de negocio que te gustaría explorar este año?

Preguntas de Autoevaluación

Escribe: ¿Qué necesitarías ser o hacer para convertirte en quien realmente deseas?

Preguntas de Autoevaluación

Escribe: Identifica a las personas que pueden apoyarte y los recursos de los que puedes aprender.

Preguntas de Autoevaluación

Escribe: Identifica el primer peldaño de la escalera hacia tus sueños, deseos y propósitos.

Indicaciones de Visualización

Visualízate realizando el trabajo que estás destinada a hacer y viviendo la vida que fuiste creada para vivir. ¿Qué trabajo estás haciendo que alimenta tu pasión y cumple tu propósito? ¿Cómo es tu vida en casa? ¿Cuales cosas te permites disfrutar, ser y hacer?

Visualízate sintiéndote completamente capaz y completamente apoyada mientras creas la vida de tus sueños. ¿Cómo pensarías, sentirías y te comportarías si te sintieras completamente apoyada en tu trabajo y vida?

Visualízate como una persona intrépida porque sabes cuál es tu propósito. Imagínate a ti misma superando el miedo para crear lo que sabes que es tu destino. ¿Cómo piensas, sientes y te comportas sin que el miedo te detenga?

Ahora, escribe en tu diario acerca de esa vida de ensueño. Detalla el trabajo que harás, las personas que abrazarás y el apoyo que tendrás mientras te conectas con tu verdadero propósito, abrazas tus deseos y construyes la vida que Dios te creó para tener.

"Un negocio exitoso requiere energia inquebrantable , una mentalidad de crecimiento y estrategias comprobadas."

Soribel Martinez

SM
SORIBEL MARTINEZ

Capítulo Diez

Ocho Pilares del Éxito Empresarial

Construir tu propio negocio es un trabajo creativo. Es inspirador, difícil y demandante. Tener herramientas y estrategias probadas puede ayudar a aliviar la dificultad para que puedas disfrutar del proceso y cosechar las recompensas. Este capítulo detalla mis ocho Pilares de la Práctica Privada que puedes aplicar a cualquier negocio. Utilicé estos mismos pilares para construir SMPpsychotherapy y los comparto con mis clientes de coaching privado.

Todas las personas que buscan crecer en la vida y el trabajo deben desarrollar la capacidad de autorreflexión. Te animo a aprender a identificar tus lagunas de conocimiento. Lo que no sabes a menudo es lo que te impide crear la vida o el negocio que buscas. La capacidad de identificar estas lagunas es la diferencia entre alguien que puede elevar continuamente su éxito en todas las áreas. Sin embargo, el trabajo no termina ahí. Una vez que sabes lo que no sabes, debes buscar nuevos aprendizajes y organizar tu conocimiento en pasos utilizables. La acción debe seguir al aprendizaje para asegurar el éxito.

Mis Ocho Pilares del Éxito Empresarial incluyen:

- Desarrollo Personal
- Mentalidad Empresarial
- Plan de Negocios
- Estructura Empresarial
- Modelo de Negocio
- Marketing Empresarial
- Finanzas Empresariales
- Sistemas y Apoyo

Puedes revisar estos pilares en *Inquebrantable.*

Ahora es tu turno de identificar tus lagunas de conocimiento y desarrollar las habilidades que necesitas para crear tu vida inquebrantable.

Conclusiones del Capítulo

- Debes desarrollarte y sanarte a ti misma porque cualquier área de lucha se manifestará en tu negocio.

- Con la mentalidad correcta, tu negocio tendrá una base sólida para expandirse y crecer.

- El 90-99% del éxito de tu negocio es espiritual—está basado en tu mentalidad y voluntad para expandirte.

- El 1-10% del éxito de tu negocio es la estrategia empresarial.

Preguntas de Autoevaluación

Escribe: Identifica una brecha de conocimiento.

Preguntas de Autoevaluación

Escribe: ¿Qué necesitas aprender para avanzar hacia tus objetivos?

SM SORIBEL MARTÍNEZ

Preguntas de Autoevaluación

Escribe: ¿A qué le temes?

SORIBEL MARTÍNEZ

Preguntas de Autoevaluación

Escribe: Organiza tu nuevo conocimiento en pasos útiles. Organizar tu conocimiento ayudará a eliminar el miedo.

Preguntas de Autoevaluación

Escribe: ¿Qué sistemas de apoyo necesitas para comenzar o hacer crecer tu negocio?

SM SORIBEL MARTÍNEZ

Preguntas de Autoevaluación

Escribe: ¿Cuál es el primer paso que darás hoy para avanzar hacia tu objetivo?

SM
SORIBEL MARTÍNEZ

SORIBEL MARTÍNEZ

Indicaciones de Visualización

Visualízate como una persona abierta al aprendizaje y buscando oportunidades para mejorar.

Visualízate evaluando tu progreso en la vida y en los negocios. ¿Qué quieres hacer, aprender y ser? ¿En qué has tenido éxito hasta ahora?

Visualízate participando en un continuo desarrollo personal. ¿Cómo te sientes cuando eliges cuidarte a ti misma a través del desarrollo personal? ¿Cómo te sientes al estar abierta a la mejora continua como práctica de autocuidado?

Ahora, escribe en tu diario sobre cómo planeas identificar tus lagunas de conocimiento. ¿Buscarás comentarios de otras personas? ¿Completarás un análisis FODA? ¿Asistirás a conferencias o retiros?

SM
SORIBEL
MARTÍNEZ

Una vez que hayas identificado tus lagunas de conocimiento, ¿cómo buscarás nuevos aprendizajes? ¿Aprendes mejor de un estudio independiente de libros o podcasts? ¿Necesitas asistir a conferencias o buscar el apoyo de un coach de vida o de negocios?

SORIBEL MARTÍNEZ

"Una vida inquebrantable requiere
Un enfoque holistico acerca del cuidado personal."

Soribel Martinez

Capítulo Once

Mente, Cuerpo, Espíritu

En el Capítulo 11, te presenté a mi cliente, Alice. Cuando Alice se contactó conmigo para el coaching empresarial, trabajaba a tiempo completo, criando a niños pequeños, administraba una granja familiar, cuidaba a padres ancianos e intentaba dirigir un negocio. Estaba exhausta, agotada y no podía encontrar la energía para crear la vida que anhelaba.

En mi trabajo con Alice, descubrimos que ella no se veía a sí misma como merecedora de apoyo para lograr sus sueños. Como muchas mujeres, Alice se convirtió en cuidadora de muchos y abandonó cuidarse a sí misma en el camino.

Entrené a Alice en la creación de una práctica de autocuidado inquebrantable que llenó su alma y la re-alineó con su propósito. Descubrió cómo pedir el apoyo que anhelaba y cómo poner sus propias necesidades en la interminable lista de tareas pendientes. Comenzó a disfrutar de la meditación, la escritura en su diario, los paseos por su granja en el campo y el tiempo para conectarse con sus verdaderos deseos.

El autocuidado no es egoísta. El autocuidado te permite avanzar hacia tu propósito, mantenerte conectada y recordarte que eres digna de amor, cuidado y apoyo. Una práctica de autocuidado inquebrantable apoya la mentalidad que te permite crear un Reino digno de tus talentos dados por Dios.

Conclusiones del Capítulo

- El autocuidado es una forma de amor propio. No es egoísta.
- Cuidar a todos los demás desde un lugar vacío conduce a relaciones poco saludables.
- Desarrolla una práctica de cuidado personal que apoye tu misión, visión y sueños.
- Cuando vives en tu propósito y sirves desde un lugar de realización, maximizas tu impacto en el mundo.

Preguntas de Autoevaluación

Escribe: Identifica una situación de niña, adolescente o mujer joven que te haya enseñado sobre el cuidado personal y lo que significa para las mujeres.

SORIBEL MARTÍNEZ

Preguntas de Autoevaluación

Escribe: Identifica a las mujeres de tu entorno que te enseñaron sobre el autocuidado o la falta de autocuidado.

SORIBEL MARTÍNEZ

Preguntas de Autoevaluación

Escribe: ¿Qué aprendiste de lo que otras mujeres dijeron e hicieron o no hicieron sobre su cuidado personal?

SORIBEL MARTÍNEZ

Preguntas de Autoevaluación

Escribe: Identifica un nuevo sistema de creencias sobre el valor del cuidado personal y cómo deseas que tus prácticas de cuidado personal te apoyen a tí y a tu negocio o carrera.

SORIBEL MARTÍNEZ

Indicaciones de Visualización

Visualízate llena de energía ilimitada. Estás vigorizada, enfocada y apoyada. Eres una Reina liderando un Reino. ¿Cómo te sentirías al estar completamente respaldada en tu camino de crear un legado?

Visualiza las prácticas diarias, semanales, mensuales y anuales que incorporarás en tu vida para sentirte amada, apoyada y completa.

Visualízate delegando tareas y pidiendo apoyo adicional para tener tiempo de perseguir tus sueños. ¿Qué harías con ese tiempo? ¿Cómo usarías las prácticas de autocuidado para apoyar ese sueño? ¿Cómo te sentirías una vez que tengas una práctica de autocuidado que te apoye completamente en la vida y en tu carrera?

Ahora, escribe en tu diario como si ya fueras una mujer con una práctica de autocuidado inquebrantable. ¿Qué haces para cuidar tu mente? ¿Qué prácticas de autocuidado usas para cuidar tu cuerpo? ¿Cuáles son tus prácticas espirituales de autocuidado? ¿Cómo te sientes, piensas y te comportas ahora que te has dado cuenta de que eres una Reina construyendo un Reino?

"Dios siempre me apoyará. Mi responsabilidad en el proceso de co-creación fue activar mi poder y asegurarme de hacer mi parte."

Soribel Martinez

SM
SORIBEL MARTINEZ

Conclusión

Cómo Seguir Construyendo Tu Sueño

Felicitaciones por completar este viaje de reconexión y auto-descubrimiento. Estoy segura de que las indicaciones en este diario te desafiaron a dejar ir creencias limitantes acerca de ti misma que has sostenido por mucho tiempo—creencias que ya no te sirven.

Tu próximo paso es tomar acción inspirada y masiva hacia tus metas. Continúa aprendiendo acerca de ti misma. Mantén tu práctica de cuidado personal. Continúa reflexionando sobre la vida que estás creando y busca personas que puedan enriquecer tu vida, ofrecer apoyo y celebrar tu éxito contigo.

Una vez que tengas éxito, asegúrate de retribuir a la comunidad que te vio llegar a la cima. Usa tu tiempo, energía y dinero para impactar el mundo. Hay muchas organizaciones en el mundo que se dedican a trabajos que enriquecen la vida de otros. Encuentra una que trabaje de acuerdo con tus valores, o comienza la tuya y ofrece tus habilidades y apoyo a quienes lo necesitan.

Si te encantó *Inquebrantable* y este diario, te invito a inscribirte en mi curso en línea, Inquebrantable. Diseñé este curso para personas que quieren llevar su autoevaluación y visión del éxito al siguiente nivel.

En este curso, tendrás acceso a seis módulos para ayudarte a crear tu vida inquebrantable.

En Inquebrantable, el curso en línea, aprenderás:

- La Arquitecta del Reinado - cómo la alineación con tu propósito puede construir un legado.
- Autoevaluación y análisis - tomar conciencia de dónde estás activando tu GPS interno. Encontrar caminos hacia el crecimiento y la sanación.
- Desarrollo personal - ¡recupera tu poder y tu voz, encuentra tu sistema de apoyo e invierte en ti misma!
- Desarrolla tu práctica holística e inquebrantable de cuidado personal.
- Planificación para el éxito, incluyendo consejos y estrategias prácticas de carrera y mentalidad para comenzar tu propio negocio inquebrantable.

Para obtener más información sobre el curso Inquebrantable, o si sientes la llamada de registrarte, visita: https://www.SoribelMartinez.com

Acerca de la Autora

Soribel Martinez, Psicoterapeuta Clínica Licenciada es una visionaria. Ella cree en un mundo donde las mujeres crean legados y entienden que son reinas que pueden construir su propio Reinado con las herramientas, el apoyo y la mentalidad adecuados. Soribel cree que las mujeres no se definen por sus roles, sino por el propósito para el que nacieron. Su propósito es ayudar a las mujeres a crear vidas y legados de los que estén orgullosas mientras aprenden a amarse a sí mismas tal como fueron creadas.

Soribel nació en República Dominicana y emigró a los Estados Unidos cuando tenía doce años. Tiene una licenciatura en psicología y biología de la Universidad de Post y completó dos años de medicina en la Facultad de Medicina de SABA antes de decidir que la atención a la salud mental era su verdadera vocación. Obtuvo una maestría en psicología y trabajo social, y luego regresó para obtener su maestría porque siempre soñó con tener su propio negocio. Soribel, que cree en el aprendizaje a lo largo de toda la vida, es actualmente candidata a Doctora en Trabajo Social en la Universidad de Walden.

Soribel logra su propósito trabajando como psicoterapeuta, entrenadora y consultora de negocios mientras dirige una práctica de terapia privada grupal. Desarrolló los principios de Million Dollar Private Practice (La Práctica Privada del Millón de Dólares) para construir y escalar SMPyschotherapy and Counseling Services en la práctica dinámica que es hoy.

SM
SORIBEL MARTÍNEZ

SMPsychotherapy emplea a más de veinticinco terapeutas de salud mental con licencia y dos enfermeras practicantes de salud mental psiquiátrica, así como personal administrativo. La práctica grupal de Soribel atiende a más de once mil clientes. Sus programas de coaching ayudan a otras mujeres a construir y escalar sus propios negocios y crear la vida de sus sueños.

Soribel amplió su propósito de ayudar a las mujeres a construir sus sueños al fundar la Fundación JC´s Precious Minds en 2021 para honrar la memoria de su hijo, Jean-Carlos. Soribel cree en honrar a las mujeres y familiares que la precedieron y allanaron el camino hacia su éxito. Ella cree en honrarse a sí misma respondiendo al llamado de su propósito y busca honrar a la generación futura creando un legado y un modelo para el crecimiento y el éxito.

Además de ser directora ejecutiva y fundadora de una organización sin fines de lucro, Soribel es madre, oradora, narradora, profesora adjunta de psicología en la Universidad de Post, miembro de la Junta Asesora de la Escuela de Administración de Empresas Malcolm Baldrige de la Universidad de Post. Es autora de bestsellers y terapeuta y consejera sexual, pero quiere recordar a sus lectores que ninguno de esos roles la define ni establece su valor.

Los logros y los títulos no determinan cuánto te amas a ti misma o cuánto te apoya tu creador. Soribel vale porque lo es, como tú lo vales porque lo eres. Soribel vive en Connecticut con su madre y su hijo, John Anthony. Pasa su tiempo libre con su familia, viajando por el mundo, leyendo y aprendiendo todo lo que puede. Soribel escribió este libro para inspirarte a sanar, transformar y construir la vida para la que fuiste creada.

Conecta con Soribel

SMPsychotherapy & Counseling Services

https://psychotherapyandcounselingservices.com/

Facebook

https://www.facebook.com/SoribelMartinezLCSW

Instagram

https://www.instagram.com/smpsychotherapy/

https://www.instagram.com/xoxoSoribel

Conecta con Soribel

LinkedIn

https://www.linkedin.com/in/soribelmartinez/

Coaching Empresarial, Consultoría & Tutoría

https://www.soribelmartinez.com

Fundación JC's Precious Minds

La Fundación JC´s Precious Minds busca ayudar a las madres solteras de niños con discapacidades con recursos financieros y educativos. Soribel inició la fundación para honrar la memoria de su hijo, Jean-Carlos, que nació muerto a las 36 semanas. El duelo es como el océano, con pequeñas olas que te dejan sin aliento y grandes olas que amenazan con derribarte. El océano es poderoso, y también lo es el dolor. Si lo canaliza, puede usarlo para crear un mayor impacto en el mundo de lo que soñó posible.

La Fundación JC´s Precious Minds brinda recursos financieros, vivienda, alimentos, ropa, educación especial, servicios de pruebas, terapia ocupacional, física y del habla, servicios psicológicos y actividades extracurriculares para niños con necesidades especiales de madres solteras en la República Dominicana. Además de ayudar a los niños a alcanzar su potencial, la fundación ayuda a las madres solteras a regresar a la escuela y/o iniciar su propio negocio. Todos los niños y todas las mujeres merecen el apoyo necesario para prosperar.

En diciembre de 2022, la fundación recibió su primera donación de $150,000. La fundación comenzó con cuatro familias y actualmente atiende a diez con planes de expansión.

Recibo de la Fundación JC's Precious Minds

"En primer lugar, queremos expresar nuestra gratitud a esta maravillosa iniciativa, la Fundación Precious Mind de JC, que ha impactado la vida de cada miembro de esta familia.

Experimenté una sensación del fin del mundo cuando a Ramsés le diagnosticaron autismo. Con él, era casi imposible salir de casa porque estaba tan preocupada por su futuro que lloré sin parar por un rato. Luego, en 2021, obtuve asistencia de la Fundación Mente Preciosa de JC, quienes eran como ángeles enviados por Dios. Desde ese momento, la dinámica de mi familia ha cambiado totalmente.

Desde que Ramses comenzó a tomar clases, recibir terapia y recibir alimentos, hemos podido ser testigos de su progreso al grado de que nuestro hijo Ramses ya no es el mismo que era hace un año. Nos conmueve cada nueva palabra que dice, cada nuevo alimento que pide y prueba, y cada nueva acción que realiza. Todo lo que una vez imaginé que mi hijo podría hacer, lo ha logrado gracias a la colaboración y el apoyo de la Fundación Precious Mind de JC. Solo podemos decir GRACIAS porque sin su ayuda, quién sabe dónde estaríamos."

Mercedes Alejandrina Tavarez
Madre de Ramsés, un Niño de 6 Años

"Tu vida
inquebrantabl
e te espera ,
así que..."

Soribel Martinez

...VÉ POR ELLA"

xo

Soribel Martinez

SM
SORIBEL MARTINEZ